2. Lese-stufe

Manfred Mai und Martin Lenz

Abenteuer am stürmischen See

Mit Bildern von Markus Grolik

Ravensburger Buchverlag

Bibliografische Information der Deutschen Nationalbibliothek:

Die Deutsche Nationalbibliothek verzeichnet diese Publikation
in der Deutschen Nationalbibliografie.
Detaillierte bibliografische Daten sind im Internet
über http://dnb.d-nb.de abrufbar.

1 2 3 C B A

Ravensburger Leserabe
© 2016 Ravensburger Buchverlag Otto Maier GmbH
Postfach 18 60, 88188 Ravensburg
Umschlagbild: Markus Grolik
Konzept Leserätsel: Dr. Birgitta Reddig-Korn
Design Leserätsel: Sabine Reddig
Printed in Germany
ISBN 978-3-473-36492-3

www.ravensburger.de
www.leserabe.de

Inhalt

Eine Überraschung

Am Samstagmorgen geht Papa
leise in Lucas Zimmer.
Luca liegt auf dem Bett und liest.
Papa nimmt ihm das Buch weg.
„He! Was soll das?",
beschwert er sich.

„Komm mal mit!", sagt Papa.

Luca schüttelt den Kopf.

„Ich will nicht,

das Buch ist gerade so spannend!"

„Ich hab unten etwas für dich,

das ist spannender als ein Buch."

„Was denn?", fragt Luca neugierig.

Papa antwortet nicht,

sondern geht aus dem Zimmer.

Luca zögert, aber schließlich
gewinnt die Neugier.
Er springt vom Bett
und folgt seinem Papa
ins Wohnzimmer.
Dort traut er seinen Augen kaum.
„Das … das ist … ist das
ein Schlauchboot?",
stammelt Luca.

„Genau!", sagt Papa.

„Mit dem machen wir gleich heute eine Fahrt auf dem Brunnensee."

„Wie die Jungs in meinem Buch!", murmelt Luca.

Papa nickt. „Nur in echt."

Während Luca das Schlauchboot genauer anschaut,

zwinkern sich Papa und Mama zu.

Ihr Plan scheint zu funktionieren.

„Und wann geht's los?", fragt Luca.

„Nach dem Mittagessen",

antwortet Papa.

Was könnte das für ein Plan sein?

Frage

Nicht aus Zucker

Beim Mittagessen sagt Papa:
„Jetzt ist der Himmel bewölkt,
es könnte heute noch regnen.
Vielleicht wäre es besser,
wir würden ein andermal
an den See fahren?"
„Nein!", ruft Luca.
„Du hast gesagt,
wir fahren heute!"

„Könnt ihr doch auch",
beruhigt ihn Mama.
„Ich glaube nämlich nicht,
dass es regnet."
Nach dem Essen packen sie
alles ins Auto.
Luca will noch
einen Regenschirm mitnehmen.

„Ich glaub,
ich seh nicht richtig!",
sagt Papa.
„Wir brauchen doch keinen Schirm!
Und selbst, wenn es
ein bisschen regnen sollte,
wir sind ja nicht aus Zucker!"
Luca nickt.

Papa geht mit Mama noch mal
ins Haus.
Luca läuft mit dem Regenschirm
zum Auto
und schiebt ihn unter den Sitz,
damit Papa ihn nicht sieht.
„Können wir?", fragt Papa,
als die Eltern
aus dem Haus kommen.
„Schon lange!", antwortet Luca.
Sie verabschieden sich von Mama,
steigen ein, und los geht's!

Nach einer halben Stunde
sehen sie den Brunnensee.
Sie laden alles aus,
was sie brauchen. Papa schließt
die elektrische Pumpe am Auto an.
Nach 15 Minuten
ist das Schlauchboot
prall mit Luft gefüllt.
Luca bemerkt,
dass die Wolken
dichter geworden sind.
Heimlich holt er den Regenschirm
und legt ihn im Boot
unter eine Decke.

„Was machst du denn?", ruft Papa.

„Ich … äh … nichts."

„Vergiss die Angel nicht!"

„Die liegt schon im Boot",
sagt Luca. „Können wir jetzt
endlich ins Wasser?"

„Aye, aye, Käpten!", sagt Papa
und legt die rechte Hand
wie zum Gruß an die Stirn.

Spinner, hätte Luca
beinahe gesagt.
Sie bringen das Schlauchboot
ins Wasser. Es schaukelt stark,
als Luca hineinsteigt.
„Setz dich schnell hin!",
sagt Papa. „Nicht, dass du noch
ins Wasser fällst."
Papa steigt ebenfalls ins Boot
und setzt sich Luca gegenüber.
„Jetzt geht's los!",
ruft Luca begeistert.

Frage Warum versteckt Luca den Schirm?

In letzter Sekunde

Luca darf rudern,
doch anfangs dreht sich
das Boot im Kreis.
„Du musst beide Paddel
gleichmäßig durchs
Wasser ziehen", sagt Papa.
Nach einigen Zügen klappt es
immer besser.
„Na, siehst du, geht doch",
lobt ihn Papa.

Das Rudern ist anstrengend,
aber es macht Luca große Freude.
Doch nach einiger Zeit
spürt er seine Arme kaum noch.
„Papa, ich kann nicht mehr."
Sein Vater reagiert nicht.
„Papa!"
Jetzt öffnet er die Augen
und murmelt:
„Oh, ich bin wohl eingenickt."

Er schaut sich um.
„He, wir sind ja
mitten auf dem See!
Gut gemacht!"
Luca nimmt die Angel.
Vorsichtig spießt er
ein Maiskorn auf den Haken
und wirft die Schnur aus,
so wie er es zu Hause geübt hat.

„Jetzt müssen wir ganz still sein,
sonst beißt kein Fisch an",
flüstert Papa.
Beide bewegen sich kaum noch
und schauen eine Weile gespannt
zu dem roten Schwimmer,
der auf den kleinen Wellen tanzt.

„Oh nein, ein Tropfen!"
Luca zeigt auf seinen Arm.
„Pst!", macht Papa.
Es fallen mehr Tropfen,
und der Wind wird stärker.
„Hm", macht Papa.
„Hoffentlich braut sich da
kein Gewitter zusammen."
Doch genau das geschieht.
„Mist!", zischt Luca
und dreht an der Kurbel,
um die Schnur einzuholen.

Dann schiebt er die Angel
zusammen und will sich
an die Paddel setzen.
„Stopp!", sagt Papa. „Ich mach das!"
Vorsichtig wechseln sie die Plätze
und Papa rudert los.
„Der See ist größer,
als ich dachte", brummt er.
Weil der Regen stärker wird,
hängt Papa sich mit aller Kraft
in die Paddel.
Und plötzlich macht es „krack"!
Ein Paddel ist abgebrochen.
„Verdammt!", ruft Papa.
Luca beugt sich weit hinaus,
um das halbe Paddel
zu erwischen.

Ihm fehlen nur noch
ein paar Zentimeter.
Er streckt sich
noch ein bisschen mehr.

Was passiert wohl als Nächstes?

Frage

21

„Luca, pass auf!"
Zu spät!
Er kann sich nicht mehr halten
und rutscht kopfüber ins Wasser.
„Luca!" Papa geht auf die Knie
und will ins Wasser springen.
In diesem Augenblick sieht er
eine Hand aus dem Wasser ragen
und Sekunden später
taucht Luca auf.
Er prustet und jappst nach Luft.
Papa streckt ihm das Paddel entgegen.
„Halt dich daran fest!"
Luca greift daneben,

geht wieder unter, schluckt Wasser,
taucht auf, hustet und keucht.
Papa paddelt sich näher ran,
erwischt Lucas Hand
und zieht ihn ins Boot,
das bedenklich schwankt.

Die rettende Idee

Eine Weile ist nur
ihr heftiges Atmen zu hören.
Beide schauen sich wortlos an.
Dann schüttelt sich Luca
wie ein nasser Hund –
und fängt an zu lachen.
„Was ist daran so lustig?"
„Alles!"
„Na, ich weiß nicht", sagt Papa.
„Wir sitzen mitten auf dem See,
haben nur noch ein Paddel,
es regnet …"

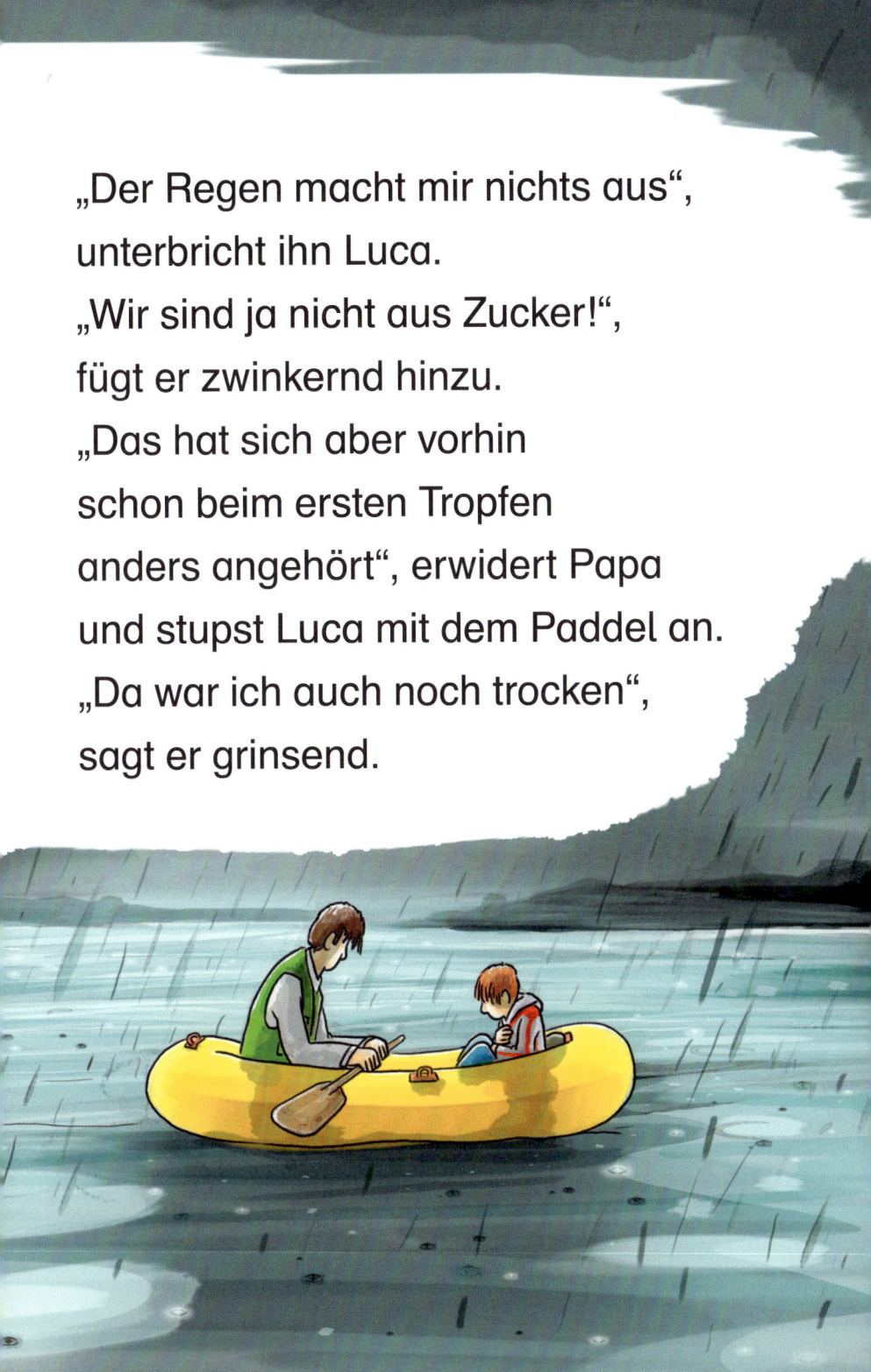

„Der Regen macht mir nichts aus",
unterbricht ihn Luca.
„Wir sind ja nicht aus Zucker!",
fügt er zwinkernd hinzu.
„Das hat sich aber vorhin
schon beim ersten Tropfen
anders angehört", erwidert Papa
und stupst Luca mit dem Paddel an.
„Da war ich auch noch trocken",
sagt er grinsend.

Papa knufft ihn.

„Freut mich, dass du trotz allem
so gut drauf bist", sagt er.

„Aber bevor ein Gewitter kommt,
müssen wir an Land,
sonst wird's gefährlich."

Er versucht, das Schlauchboot
mit einem Paddel vorwärts zu
bewegen.

Doch das klappt nicht,
es dreht sich im Kreis.

„Mist!", schimpft er.

„So geht's nicht.
Setz du dich an das Paddel,
und ich paddle
auf der anderen Seite
mit den Händen!"
Bald geben sie auf,
weil sie sehr langsam
Schlangenlinie fahren.
„So kommen wir nie ans Ufer",
keucht Papa.

Da hat Luca eine Idee!
Er greift unter das Tuch
und zieht den Regenschirm hervor.
Papa schaut ihn verwundert an.
„Wie kommt denn der Regenschirm
hierher?" Er stockt.
„Und was willst du jetzt damit?
Nass sind wir doch schon!
Dein Schirm kann uns
auch nicht helfen."
„Doch!", erwidert Luca,
öffnet den Schirm und hält ihn
aufgespannt in den Wind.
„Der ist jetzt unser Segel."
Der Wind bläst in den Schirm,
sodass der Stoffbezug
kräftig flattert.

„Nicht!", ruft Papa.
„So geht er kaputt!
Lass mich mal!"
Er greift nach dem Schirm.
„Nein! Das war meine Idee!",
sagt Luca.

„Dann musst du ihn
andersherum halten,
sonst knicken die Sprossen ab!"
Luca dreht sich
und hält den Regenschirm
mit der Spitze gegen den Wind.

Er muss kräftig zupacken,
damit ihm der Schirm
nicht aus den Händen
geblasen wird.
Schon nach wenigen Sekunden
bewegt sich das Schlauchboot.
„Tatsächlich", sagt Papa.
„Es funktioniert tatsächlich!"

In welche Richtung bewegt sich
das Boot jetzt?

Frage

Höchste Zeit

Als sie etwa die Hälfte
der Strecke geschafft haben,
werden Lucas Arme immer
schwerer. Er überlässt das
Schirmhalten
nun seinem Papa.
Schon zucken erste Blitze
vom Himmel und aus der Ferne
ist Donnergrollen zu hören.

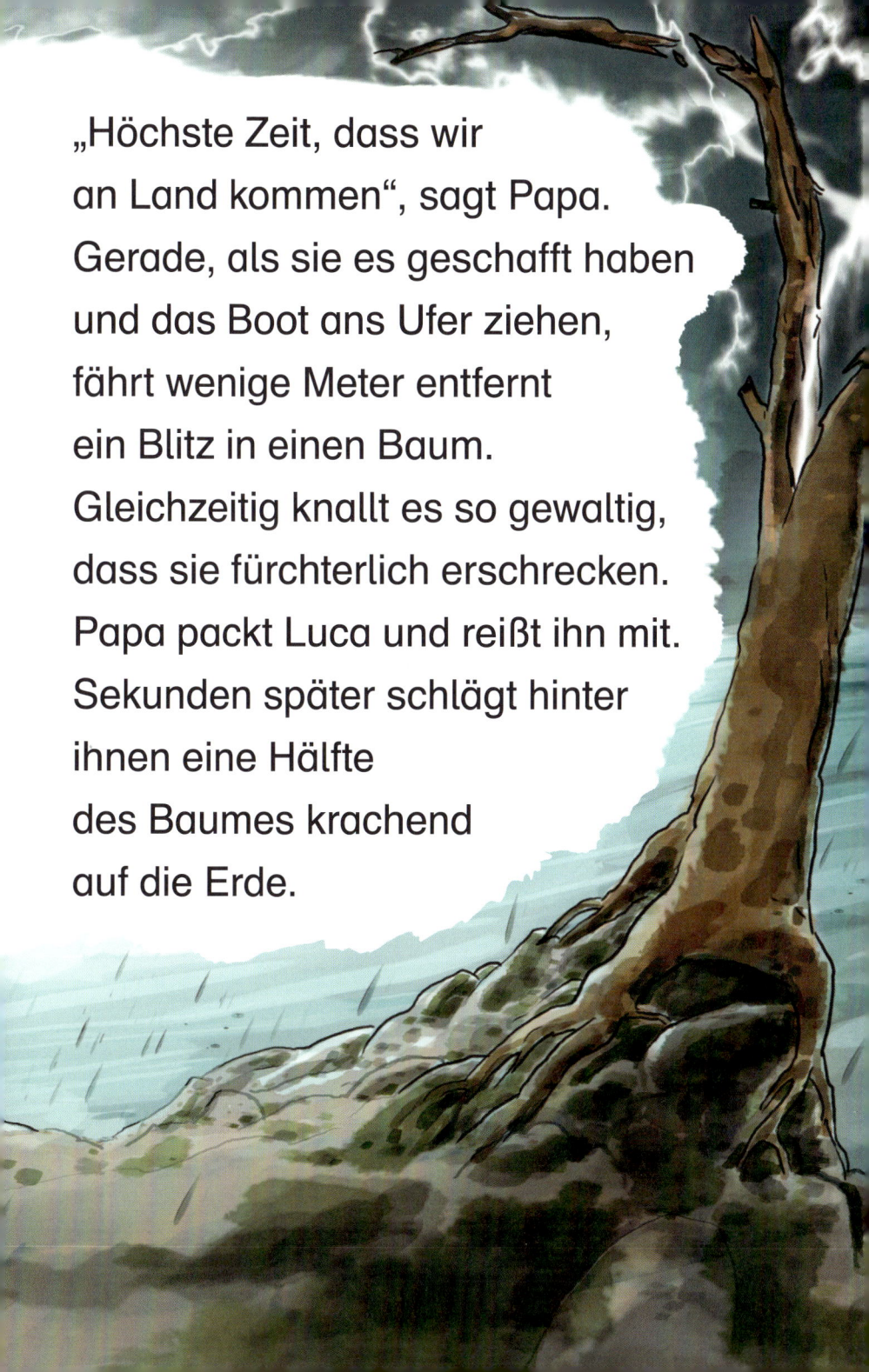

„Höchste Zeit, dass wir
an Land kommen", sagt Papa.
Gerade, als sie es geschafft haben
und das Boot ans Ufer ziehen,
fährt wenige Meter entfernt
ein Blitz in einen Baum.
Gleichzeitig knallt es so gewaltig,
dass sie fürchterlich erschrecken.
Papa packt Luca und reißt ihn mit.
Sekunden später schlägt hinter
ihnen eine Hälfte
des Baumes krachend
auf die Erde.

Atemlos rennen sie zum Auto.

„Los, setz dich rein!",

schreit Papa.

Keuchend und triefend

sitzen sie im Auto.

Heftiger Regen prasselt aufs Dach.

Papa nickt Luca zu.

„Hier sind wir sicher."

Luca will etwas sagen,

doch der nächste Donnerschlag

lässt ihn verstummen.

Nun blitzt und donnert es

in Sekundenabständen.

So intensiv hat Luca noch nie
ein Gewitter erlebt.
Nach einer Viertelstunde
ist der ganze Spuk vorbei.
Zwischen den abziehenden
Wolken blitzt schon wieder
die Sonne hervor.
Papa und Luca steigen aus
und gehen zum Schlauchboot.

Es ist zur Hälfte
mit Wasser gefüllt.
Gemeinsam kippen sie das Boot,
ziehen es zum Auto
und lassen die Luft aus.
Dann falten sie es zusammen,
so gut es geht,
und verstauen es im Kofferraum.
Sie stehen hinter dem Auto,
schauen sich an –
und beide müssen lachen.

„Wir sehen aus wie Schweine",
gluckst Papa.
„Wie Dreckschweine",
setzt Luca noch eins drauf.
Er nimmt Papas Hände
und tanzt mit ihm im Kreis herum.
Dazu singt er laut:
„Wir sind zwei dreckige Schweine,
ein großes und ein kleines!"

Beim dritten Mal stimmt Papa ein.
Plötzlich prustet er los.
„Wenn uns jemand sieht und hört,
hält er uns für verrückt."
„Verrückt sein ist schön!",
ruft Luca.
„Stimmt, aber jetzt müssen wir
trotzdem nach Hause,
sonst macht Mama sich Sorgen."
„Schade."

„Da seid ihr ja … aber …
aber wie seht ihr denn aus?",
ruft Mama.

Luca und Papa reden
durcheinander, sodass Mama
abwehrend die Hände hebt.

„Jedenfalls bin ich froh,
dass euch nichts passiert ist."

„Nichts passiert?", sagt Luca.

„Es ist sogar sehr viel passiert.
Ich habe heute
ein tolles Abenteuer erlebt.
Das war spannender als jedes
Buch!"

Welches Abenteuer würdest
du gerne erleben?

Frage

Leserabe Leserätsel

Rätsel 1

Viel zu viele Buchstaben!

Streiche die Buchstaben, die zu viel sind.

Aubobentameuscher

Schalauchelbaroot

Remogenschanirm

Rätsel 2

Wörter ohne Grenzen

Wie viele Wörter aus der Geschichte findest du?

ZUCKERTROPFENBUCHRUDERFISCH

ANGELÜBERRASCHUNGHIMMELWELLEN

Lösungen
Rätsel 1: Abenteuer, Schlauchboot, Regenschirm
Rätsel 2: Zucker, Tropfen, Buch, Ruder, Fisch
Angel, Überraschung, Himmel, Wellen

Wörter im Versteck

Rätsel 3

Insgesamt sind sechs Wörter versteckt.
Kreise sie ein.

K	H	R	D	R	P
P	A	D	D	E	L
A	N	F	O	G	A
R	D	E	G	E	N
M	R	A	P	N	I
H	A	K	E	N	M

Für Abenteuer-Experten

Rätsel 4

Gewitter auf einem ___ sind gefährlich. Deshalb

sollte man, wenn man in einem _____ sitzt, schnell

ans _____ rudern. In einem _____ ist man vor

dem _____ sicher.

Lösungen
Rätsel 3: Paddel, Hand, Plan, Arm, Regen, Haken
Rätsel 4: See, Boot, Ufer, Auto, Blitz

Rätsel für die Rabenpost

Was stimmt? Ersetze die richtige Zahl
durch den passenden Buchstaben.
Dann erhältst du das Lösungswort.

	Ja	Nein
Luca liest gerne Bücher.	1	7
Papa hat ein Segelboot gekauft.	15	14
Luca versteckt eine Angel im Boot.	4	7
Luca ist aus Zucker.	21	5
Mitten auf dem See beißt ein Fisch an.	18	12

A	B	C	D	E	F	G	H	I
1	2	3	4	5	6	7	8	9

J	K	L	M	N	O	P	Q	R
10	11	12	13	14	15	16	17	18

S	T	U	V	W	X	Y	Z
19	20	21	22	23	24	25	26

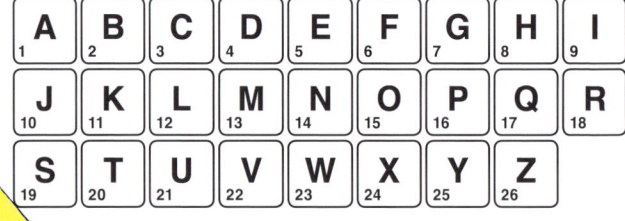

Lösungswort:

Rabenpost

Super, geschafft!

Jetzt ist es Zeit für die Rabenpost.
Wenn du das Lösungswort herausgefunden hast,
kannst du tolle Preise gewinnen!

Gib es auf der  Leserabe Website ein
▶ www.leserabe.de,

mail es uns ▶ leserabe@ravensburger.de

oder schick es mit der Post.

Lösungswort:

An
den LESERABEN
RABENPOST
Postfach 2007
88190 Ravensburg
Deutschland

Ravensburger Bücher

Lesen lernen mit Spaß!

In drei Stufen vom Lesestarter zum Überflieger

ISBN 978-3-473-**36449**-7

ISBN 978-3-473-**36437**-4

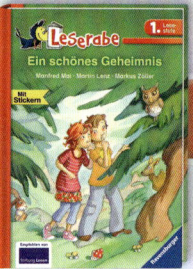

ISBN 978-3-473-**36438**-1

1. Lese-stufe

ISBN 978-3-473-**36454**-1

ISBN 978-3-473-**36440**-4

ISBN 978-3-473-**36441**-1

2. Lese-stufe

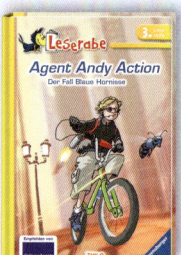

ISBN 978-3-473-**36456**-5

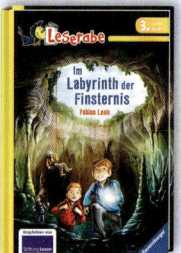

ISBN 978-3-473-**36442**-8

ISBN 978-3-473-**36444**-2

3. Lese-stufe

www.leserabe.de

ERZ_14_007